Niedersächsisches Bestattungsgesetz

Gesetz über das Leichen-, Bestattungs- und Friedhofswesen im Land Niedersachsen

Sebastian Andreas Götz

Niedersächsisches Bestattungsgesetz

Aktuelle Fassung vom 8. Dezember 2005

Bibliografische Information der Deutschen Nationalbibliothek:
Die Deutsche Nationalbibliothek verzeichnet diese Publikation
in der Deutschen Nationalbibliografie; detaillierte bibliografi-
sche Daten sind im Internet über http://dnb.dnb.de abrufbar.

Herstellung und Verlag: BoD – Books on Demand, Norderstedt

ISBN: 978-3-7460-15927

Inhaltsverzeichnis

§1 Grundsatz

Leichen und Aschen Verstorbener sind so zu behandeln, dass die gebotene Ehrfurcht vor dem Tod gewahrt wird und das sittliche, religiöse und weltanschauliche Empfinden der Allgemeinheit nicht verletzt wird.

§2 Begriffsbestimmungen

(1) [1] Leiche ist der Körper eines Menschen, der keine Lebenszeichen mehr aufweist und bei dem der körperliche Zusammenhang noch nicht durch den Verwesungsprozess völlig aufgehoben ist. [2] Leichen sind auch Totgeborene (Absatz 3 Satz 1), jedoch mit Ausnahme der Fehlgeborenen (Absatz 3 Satz 2), und die den Totgeborenen entsprechenden Ungeborenen (Absatz 3 Satz 3).

(2) Ist der körperliche Zusammenhang des menschlichen Körpers in anderer Weise als durch Verwesung aufgehoben worden, so gelten auch der Kopf und der Rumpf bereits als Leiche.

(3) [1] Eine Leiche ist auch eine Leibesfrucht mit einem Gewicht von mindestens 500 Gramm, bei der nach der Trennung vom Mutterleib kein Lebenszeichen (Herzschlag, pulsierende Nabelschnur oder Einsetzen der natürlichen Lungenatmung) festgestellt wurde (Totgeborenes). [2] Fehlgeborenes ist eine tote Leibesfrucht mit einem Gewicht unter 500 Gramm. [3] Die Leibesfrucht aus einem Schwangerschaftsabbruch (Ungeborenes) gilt unter den Voraussetzungen des Satzes 1 ebenfalls als Leiche.

(4) Friedhöfe sind alle von einem Träger nach § 13 Abs. 1 für die Beisetzung Verstorbener oder deren Asche besonders gewidmeten und klar abgegrenzten Grundstücke, Anlagen oder Gebäude bis zu deren Aufhebung.

§3 Verpflichtung zur ärztlichen Leichenschau

(1) Jede Leiche ist zur Feststellung des Todes, des Todeszeitpunktes, der Todesart und der Todesursache von einer Ärztin oder einem Arzt äußerlich zu untersuchen (Leichenschau).

(2) [1] Die Leichenschau haben in folgender Rangfolge unverzüglich zu veranlassen

> 1. die zum Haushalt der verstorbenen Person gehörenden Personen,

> 2. die Person, in deren Wohnung oder Einrichtung oder auf deren Grundstück sich der Sterbefall ereignet hat, und

> 3. jede Person, die bei dem Tode zugegen war oder die Leiche auffindet.

[2] Die Pflicht nach Satz 1 kann auch durch Benachrichtigung der Polizei erfüllt werden.

(3) [1] Zur Vornahme der Leichenschau sind verpflichtet:

> 1. beim Sterbefall in einem Krankenhaus oder einer anderen Einrichtung, zu deren Aufgaben auch die ärztliche Behandlung der aufgenommenen Personen gehört, die diensthabenden Ärztinnen und Ärzte der Einrichtung,

2. beim Sterbefall außerhalb einer in Nummer 1 genannten Einrichtung die niedergelassenen Ärztinnen und Ärzte, denen der Sterbefall bekannt gegeben worden ist, sowie die Ärztinnen und Ärzte im Notfall- oder Rettungsdienst und

3. im Übrigen eine Ärztin oder ein Arzt der für den Sterbe- oder Auffindungsort zuständigen unteren Gesundheitsbehörde.

[2] Die Leichenschau kann auf die Feststellung des Todes beschränken, wer durch weitere Feststellungen sich selbst oder eine in § 52 Abs. 1 der Strafprozessordnung bezeichnete Person der Gefahr einer strafrechtlichen Verfolgung oder eines Verfahrens nach dem Gesetz über Ordnungswidrigkeiten aussetzen würde, wenn dafür gesorgt ist, dass eine andere Ärztin oder ein anderer Arzt eine vollständige Leichenschau durchführt.

(4) [1] Ärztinnen und Ärzte im Notfall- oder Rettungsdienst können sich auf die Feststellung des Todes sowie des Todeszeitpunktes oder des Zeitpunktes der Leichenauffindung beschränken, wenn sie durch die Durchführung der vollständigen Leichenschau an der Wahrnehmung der Aufgaben im Notfall- oder Rettungsdienst gehindert wären und, insbesondere durch Benachrichtigung der Polizei, dafür sorgen, dass eine andere Ärztin oder ein anderer Arzt eine vollständige Leichenschau durchführt. [2] Die Ärztinnen und Ärzte im Notfall- oder Rettungsdienst haben im Fall des Satzes 1 unverzüglich eine auf die getroffenen Feststellungen beschränkte Todesbescheinigung auszustellen.

§4 Durchführung der Leichenschau

(1) [1] Die Leichenschau ist unverzüglich durchzuführen. [2] Sie soll an dem Ort vorgenommen werden, an dem sich die Leiche zum Zeitpunkt der Hinzuziehung der Ärztin oder des Arztes (§ 3 Abs. 3) befindet. [3] Befindet sich die Leiche nicht in einem geschlossenen Raum oder lässt sich dort eine Leichenschau nicht ordnungsgemäß durchführen, so kann sich die Ärztin oder der Arzt auf die Todesfeststellung beschränken, wenn sichergestellt ist, dass die vollständige Leichenschau an einem geeigneten Ort durchgeführt wird. [4] Die Ärztin oder der Arzt, die oder der die Leichenschau durchführen will, und die von der Ärztin oder dem Arzt als Helferin oder Helfer hinzugezogene Person dürfen jederzeit den Ort betreten, an dem sich die Leiche befindet; das Grundrecht auf Unverletzlichkeit der Wohnung (Artikel 13 Abs. 1 des Grundgesetzes) wird eingeschränkt.

(2) Die Leichenschau ist sorgfältig durchzuführen; sie hat an der vollständig entkleideten Leiche zu geschehen und alle Körperregionen einzubeziehen.

(3) [1] Angehörige sowie Personen, die die verstorbene Person behandelt oder gepflegt haben, sind verpflichtet, der Ärztin oder dem Arzt auf Verlangen Auskunft über Krankheiten und andere Gesundheitsschädigungen der verstorbenen Person und über sonstige für ihren Tod möglicherweise ursächliche Ereignisse zu erteilen. [2] Sie können die Auskunft verweigern, soweit sie durch die Auskunft sich selbst oder eine in § 52 Abs. 1 der Strafprozessordnung bezeichnete Person der Gefahr einer strafrechtlichen Verfolgung oder eines Verfahrens nach dem Gesetz über Ordnungswidrigkeiten aussetzen würden.

(4) [1] Besteht ein Anhaltspunkt für einen nichtnatürlichen Tod, ist die Todesart ungeklärt oder kann die Ärztin oder der Arzt die verstorbene Person in angemessener Zeit nicht identifizieren, so ist sie oder er verpflichtet, unverzüglich die Polizei oder

die Staatsanwaltschaft zu benachrichtigen. [2] Die Ärztin oder der Arzt hat in einem solchen Fall von der Leichenschau abzusehen oder diese zu unterbrechen und bis zum Eintreffen der Polizei oder der Staatsanwaltschaft darauf hinzuwirken, dass keine Veränderungen an der Leiche und der unmittelbaren Umgebung vorgenommen werden.

(5) Die Ärztin oder der Arzt hat die Leiche deutlich sichtbar zu kennzeichnen, wenn ein Anhaltspunkt dafür besteht dass

1. die verstorbene Person an einer meldepflichtigen Krankheit erkrankt war oder

2. von der Leiche eine sonstige Gefahr ausgeht.

§5 Innere Leichenschau

[1] Die innere Leichenschau (Sektion) ist außer in den bundesrechtlich geregelten Fällen zulässig, wenn

1. ein erhebliches rechtliches Interesse oder ein erhebliches medizinisches Interesse an der Überprüfung oder weiteren Aufklärung der Todesursache besteht und die nach § 8 Abs. 3 in erster Linie Bestattungspflichtigen der Sektion nicht widersprechen oder

2. die Sektion Zwecken der Forschung oder der medizinischen Ausbildung dient und die verstorbene Person schriftlich ihr Einverständnis mit der Sektion erklärt hatte.

[2] Die Sektion darf nur durch Ärztinnen oder Ärzte oder unter deren Aufsicht durchgeführt werden. [3] Sie ist in den Fällen des Satzes 1 Nr. 1 auf den zur Erreichung ihres Zwecks notwendi-

gen Umfang zu beschränken. [4] Die Vorschriften über die Bestattung (§ 8) bleiben unberührt. [5] Ergibt sich während der inneren Leichenschau ein Anhaltspunkt für einen nichtnatürlichen Tod, so hat die Person, die die Sektion durchführt, unverzüglich die Polizei oder die Staatsanwaltschaft zu benachrichtigen; § 4 Abs. 4 Satz 2 gilt entsprechend. Gebäude bis zu deren Aufhebung.

§6 Todesbescheinigungen und Datenschutz

(1) [1] Unverzüglich nach Beendigung der Leichenschau hat die Ärztin oder der Arzt eine Todesbescheinigung mit den in § 3 Abs. 1 genannten Feststellungen auszustellen. [2] Die Todesbescheinigung dient auch der Prüfung, ob seuchenhygienische oder sonstige Maßnahmen zur Gefahrenabwehr erforderlich sind, sowie Zwecken der Statistik und der Forschung.

(2) [1] Alle Todesbescheinigungen sind von der für den Sterbeort zuständigen unteren Gesundheitsbehörde auf ihre ordnungsgemäße Ausstellung zu überprüfen. [2] Wer eine Todesbescheinigung ausgestellt hat, ist verpflichtet, auf Verlangen der unteren Gesundheitsbehörde die Angaben darin zu vervollständigen und zur Überprüfung erforderliche Auskünfte zu erteilen. [3] Wer die verstorbene Person vor dem Tod ärztlich behandelt hat, ist verpflichtet, auf Verlangen der unteren Gesundheitsbehörde Auskünfte zu erteilen, die zur Überprüfung der Todesbescheinigung erforderlich sind.

(3) Das Fachministerium kann durch Verordnung regeln

    1. den Inhalt der Todesbescheinigung,

    2. die Übermittlung der Todesbescheinigung an das Standesamt und die untere Gesundheitsbehörde,

3. die Pflicht zur Übermittlung der Todesbescheinigung an die Landesstatistikbehörde und an Polizeidienststellen,

4. die Verarbeitung personenbezogener Daten aus Todesbescheinigungen,

5. die Auswertung von Todesbescheinigungen sowie

6. die Aufbewahrung von und den sonstigen Umgang mit Todesbescheinigungen.

(4) [1] Die untere Gesundheitsbehörde hat Personen, die ein berechtigtes Interesse an der Kenntnis der Todesumstände glaubhaft machen, auf Antrag Einsicht in die Todesbescheinigung zu gewähren oder Auskünfte daraus zu erteilen, wenn kein Grund zu der Annahme besteht, dass schutzwürdige Belange der verstorbenen Person oder ihrer Angehörigen beeinträchtigt werden. [2] Hochschulen und anderen mit wissenschaftlicher Forschung befassten Stellen kann sie nach Maßgabe des § 25 des Niedersächsischen Datenschutzgesetzes auf Antrag Einsicht in Todesbescheinigungen gewähren, soweit dies für ein wissenschaftliches Vorhaben erforderlich ist. [3] Nach Satz 1 oder 2 übermittelte personenbezogene Daten dürfen nur für die im Antrag angegebenen Zwecke verarbeitet werden.

§7 Aufbewahrung und Beförderung von Leichen

(1) [1] Jede Leiche soll innerhalb von 36 Stunden nach Eintritt des Todes, bei späterem Auffinden unverzüglich nach Durchführung der Leichenschau, in eine Leichenhalle überführt werden. [2] Leichenhallen sind ausschließlich zur vorübergehenden Aufnahme von Leichen bestimmte Räume auf Friedhöfen, in

Krematorien, in medizinischen Einrichtungen, in pathologischen Instituten, bei Polizeibehörden sowie bei Bestattungsunternehmen und ähnlichen Einrichtungen.

(2) [1] Es ist unzulässig, eine Leiche öffentlich auszustellen. [2] In den Fällen des § 4 Abs. 5 ist der Sarg geschlossen zu halten. [3] Die untere Gesundheitsbehörde kann im Einzelfall eine Ausnahme von den Sätzen 1 und 2 zulassen.

(3) [1] Leichen sind in geschlossenen, feuchtigkeitshemmenden Särgen zu befördern. [2] In den Fällen des § 4 Abs. 5 ist ein widerstandsfähiger und feuchtigkeitsundurchlässiger Sarg zu verwenden. [3] Dabei sind die für die Bestattung nach § 9 Abs. 3 erforderlichen Bescheinigungen mitzuführen. [4] Für die Beförderung in einem Fahrzeug im Straßenverkehr dürfen nur Fahrzeuge verwendet werden, die ausschließlich für den Transport von Särgen und Urnen bestimmt und hierfür eingerichtet sind. [5] Unterbrechungen bei der Beförderung sind zu vermeiden. [6] Die untere Gesundheitsbehörde kann von den Anforderungen der Sätze 4 und 5 im Einzelfall eine Ausnahme zulassen.

(4) Absatz 3 Sätze 3 bis 5 gilt nicht für die Überführung der Leiche zur örtlichen Leichenhalle und zum örtlichen Bestattungsplatz oder zum örtlichen Krematorium.

(5) Wer eine Leiche einsargt, die nach § 4 Abs. 5 besonders zu kennzeichnen ist, hat den Sarg entsprechend zu kennzeichnen.

(6) [1] Aus dem Ausland dürfen Leichen nur dann nach Niedersachsen befördert werden, wenn aus einer Kennzeichnung auf dem Sarg und zusätzlich aus einem Leichenpass oder einer amtlichen Bescheinigung hervorgeht, ob die verstorbene Person an einer übertragbaren Krankheit gelitten hat. [2] Die untere Gesundheitsbehörde kann Ausnahmen zulassen. [3] Für die Beförderung einer Leiche von Niedersachsen an einen Ort außerhalb Niedersachsens stellt die untere Gesundheitsbehörde auf

Antrag einen Leichenpass aus. [4] Sie kann die dafür erforderlichen Nachweise verlangen und Auskünfte einholen.

(7) Das Fachministerium kann durch Verordnung den Inhalt des Leichenpasses nach Absatz 6 Satz 3 regeln.

§8 Bestattung

(1) [1] Leichen sind zu bestatten. [2] Auf Verlangen eines Elternteils ist auch ein Fehlgeborenes oder Ungeborenes (§ 2 Abs. 3 Sätze 2 und 3) zur Bestattung zuzulassen. [3] Abgetrennte Körperteile oder Organe verstorbener Personen (Leichenteile) sind, wenn sie nicht bestattet werden, von demjenigen, der den Eingriff vorgenommen hat, zu verbrennen; Absatz 2 Satz 4 und Absatz 4 Satz 1 gelten entsprechend. [4] Die untere Gesundheitsbehörde kann Ausnahmen von Satz 3 Halbsatz 1 für Zwecke der wissenschaftlichen Forschung, der medizinischen Ausbildung oder der geschichtlichen Darstellung zulassen.

(2) [1] Werden Fehlgeborene und Ungeborene nicht bestattet, so sind sie hygienisch einwandfrei und dem sittlichen Empfinden entsprechend zu verbrennen. [2] Ist bei einem Fehlgeborenen die Trennung vom Mutterleib in Gegenwart einer Ärztin oder eines Arztes erfolgt, so hat die Ärztin oder der Arzt die Eltern auf die Bestattungsmöglichkeit nach Absatz 1 Satz 2 hinzuweisen. [3] Wünschen beide Eltern keine Bestattung, so hat die Ärztin oder der Arzt die Verbrennung gemäß Satz 1 sicherzustellen. [4] Hat sich die Fehlgeburt in einer medizinischen Einrichtung ereignet, so trifft auch diese die Verpflichtung nach Satz 3.

(3) Für die Bestattung der verstorbenen Person haben in folgender Rangfolge zu sorgen:

> 1. die Ehegattin oder der Ehegatte oder die eingetragene Lebenspartnerin oder der eingetragene Lebenspartner,
>
> 2. die Kinder,
>
> 3. die Enkelkinder,
>
> 4. die Eltern,
>
> 5. die Großeltern und
>
> 6. die Geschwister.

(4) [1] Sorgt niemand für die Bestattung, so hat die für den Sterbe- oder Auffindungsort zuständige Gemeinde die Bestattung zu veranlassen. [2] Die nach Absatz 3 vorrangig Bestattungspflichtigen haften der Gemeinde als Gesamtschuldner für die Bestattungskosten. [3] Diese werden durch Leistungsbescheid festgesetzt. [4] Lassen sich die Bestattungskosten von den vorrangig Verpflichteten nicht erlangen, so treten die nächstrangig Verpflichteten an deren Stelle.

§9 Zeitpunkt der Bestattung, Bestattungsdokumente

(1) [1] Leichen dürfen erst nach Ablauf von 48 Stunden seit Eintritt des Todes bestattet werden. [2] Die untere Gesundheitsbehörde kann aus wichtigem Grund Ausnahmen zulassen.

(2) [1] Leichen sollen innerhalb von acht Tagen, seit dem Eintritt des Todes bestattet oder eingeäschert worden sein. [2] Soll die

Leiche an einen anderen Ort befördert (§ 7 Abs. 3) oder eingeäschert werden, so genügt es, wenn die Leiche in der Frist des
Satzes 1 auf den Weg gebracht wird. [3] Die Gemeinden können
Tage bestimmen, an denen in der Gemeinde keine Bestattungen stattfinden; diese Tage sind bei der Berechnung der Fris-
ten der Sätze 1 und 2 nicht mitzuzählen. [4] Urnen sind innerhalb eines Monats nach der Einäscherung beizusetzen.

(3) [1] Die Bestattung darf erst erfolgen, wenn der Sterbefall
durch das für den Sterbeort zuständige Standesamt beurkun-
det worden ist oder die ortspolizeiliche Genehmigung nach §
39 Satz 1 des Personenstandsgesetzes vorliegt. [2] In den Fällen
des § 4 Abs. 4 muss auch die schriftliche Genehmigung der
Staatsanwaltschaft nach § 159 Abs. 2 der Strafprozessordnung
vorliegen.

(4) Zur Bestattung eines Fehlgeborenen oder eines Ungeborenen ist dem Träger des Friedhofs oder des Krematoriums le-
diglich eine ärztliche Bescheinigung vorzulegen, aus der sich
das Datum der Trennung vom Mutterleib sowie der Name und
die Anschrift der Mutter ergeben.

§10 Bestattungsarten

(1) [1] Die Bestattung kann nur als Begräbnis (Erdbestattung) o-
der als Einäscherung mit anschließender Aufnahme der Asche
in einer Urne und Beisetzung der Urne (Feuerbestattung)
durchgeführt werden. [2] Art und Ort der Bestattung sollen dem
Willen der verstorbenen Person entsprechen. [3] Ist der Wille
nicht bekannt, entscheiden die Bestattungspflichtigen in der
Rangfolge des § 8 Abs. 3. [4] Hat die Gemeinde nach § 8 Abs. 4
Satz 1 für die Bestattung zu sorgen, dann entscheidet sie über
Art und Ort der Bestattung; liegen Anhaltspunkte für den Willen der verstorbenen Person oder der Personen nach § 8 Abs.

3 vor, so hat die Gemeinde diese bei ihrer Entscheidung zu be-
rücksichtigen. [5] Die Leiche einer unbekannten Person darf nur
eingeäschert werden, wenn die für die Gemeinde nach Satz 4
zuständige Polizeidienststelle mitgeteilt hat, dass ihr kein Anhaltspunkt für einen nichtnatürlichen Tod bekannt ist.

(2) Das für das Bestattungswesen zuständige Ministerium wird
ermächtigt, durch Verordnung als weitere Bestattungsart eine
Tieftemperaturbehandlung mit anschließender Erdbestattung
auf einem Friedhof in einem kompostierbaren Sarg, zuzulassen und zu regeln; § 12 Abs. 1 und 2 ist entsprechend anzuwenden.

§11 Erdbestattung

(1) [1] Erdbestattungen sind nur in geschlossenen feuchtigkeitshemmenden Särgen und nur auf Friedhöfen (§ 2 Abs. 4, § 19
Abs. 1 Satz 2) zulässig. [2] Die untere Gesundheitsbehörde kann
Ausnahmen von der Sargpflicht nach Satz 1 zulassen, wenn in
der zu bestattenden Person ein wichtiger Grund vorliegt und
ein öffentlicher Belang nicht entgegensteht.

(2) Unberührt bleibt die Möglichkeit, kirchliche Würdenträger
wie bisher auch in kirchlichen Gebäuden beizusetzen, die nicht
ausschließlich der Totenruhe dienen.

§12 Feuerbestattung

(1) [1] Einäscherungen dürfen nur in einem Krematorium vorgenommen werden. [2] Die Einäscherung einer Leiche darf erst
durchgeführt werden, wenn eine zweite Leichenschau zwei-
felsfrei ergeben hat, dass kein Anhaltspunkt für einen nichtnatürlichen Tod besteht. [3] Satz 2 gilt nicht, wenn die schriftliche

Genehmigung der Staatsanwaltschaft nach § 159 Abs. 2 der Strafprozessordnung vorliegt.

(2) [1] Die zweite Leichenschau ist von einer Ärztin oder einem Arzt durchzuführen, die oder der von der unteren Gesundheitsbehörde hierfür ermächtigt worden ist oder dieser Behörde angehört. [2] Es dürfen nur Ärztinnen und Ärzte ermächtigt werden, die die Gebietsbezeichnung „Rechtsmedizin", „Pathologie" oder „Öffentliches Gesundheitswesen" führen dürfen. [3] § 4 Abs. 2 bis 4 Satz 1 und Abs. 5 gilt entsprechend.

(3) [1] Zur Einäscherung müssen sich die Leichen in einem feuchtigkeitshemmenden Sarg befinden. [2] Sie dürfen nur einzeln eingeäschert werden. [3] Die Asche einer jeden Leiche ist in einer Urne aufzunehmen. [4] Diese ist zu verschließen und mit dem Namen der verstorbenen Person zu kennzeichnen. [5] Bevor das Krematorium die Urne mit der Asche aushändigt oder versendet, muss es sich vergewissern, dass eine ordnungsgemäße Beisetzung gesichert ist. [6] Die Beisetzung ist in der Regel als gesichert anzusehen, wenn die Urne mit der Asche an ein Bestattungsunternehmen übergeben wird.

(4) [1] Das Krematorium hat jede Einäscherung mit der Angabe des Einäscherungstages, des Namens der verstorbenen Person und des Verbleibs der Urne mit der Asche in ein Verzeichnis einzutragen. [2] Die Eintragungen müssen mindestens fünf Jahre lang für die untere Gesundheitsbehörde zur Einsicht bereitgehalten werden.

(5) [1] Die Urne mit der Asche ist auf einem Friedhof (§ 2 Abs. 4, § 19 Abs. 1 Satz 2) beizusetzen; § 11 Abs. 2 gilt entsprechend. [2] Die Urne mit der Asche darf auf Wunsch der verstorbenen Person von einem Schiff aus im Küstengewässer beigesetzt werden. [3] Für die Seebestattung dürfen nur Urnen verwendet werden, die wasserlöslich und biologisch abbaubar sind und

keine Metallteile enthalten. [4] Die Urnen sind so zu verschließen und durch Sand oder Kies zu beschweren, dass sie nicht aufschwimmen können. [5] Veranlasst eine Gemeinde nach § 8 Abs. 4 die Bestattung, so ist eine Urnenbeisetzung nach Satz 2 nicht zulässig.

(6) [1] Krematorien sind im Fall des § 8 Abs. 1 Satz 2 verpflichtet, Fehlgeborene und Ungeborene einzuäschern; das Grundrecht auf Berufsausübung (Artikel 12 Abs. 1 Satz 2 des Grundgesetzes) wird eingeschränkt. [2] Die Absätze 3 bis 5 gelten entsprechend.

§13 Friedhöfe

(1) [1] Träger von Friedhöfen (§ 2 Abs. 4) können nur sein:

1. Gemeinden,

2. Kirchen, Kirchengemeinden, Kirchengemeindeverbände und andere Religions- und Weltanschauungsgemeinschaften, wenn sie Körperschaften, Anstalten oder Stiftungen des öffentlichen Rechts sind.

[2] Friedhofsträger können mit der Durchführung der ihnen obliegenden Aufgaben, insbesondere mit der Errichtung und dem Betrieb des Friedhofs, Dritte beauftragen; ihre Verantwortlichkeit für die Erfüllung der mit der Trägerschaft verbundenen Pflichten wird durch die Übertragung nicht berührt.

(2) Der Träger eines Friedhofs hat über die Bestattungen so Buch zu führen, dass sich nachvollziehen lässt, wer an welcher Stelle bestattet ist und wann die Mindestruhezeit abläuft.

(3) Die Friedhofsträger sind im Fall des § 8 Abs. 1 Satz 2 verpflichtet, die Bestattung von Fehlgeborenen und Ungeborenen zuzulassen.

(4) [1] Der Friedhofsträger im Sinne des Absatzes 1 Satz 1 Nr. 1 erhebt, soweit nicht ein privatrechtliches Entgelt erhoben wird, für die Benutzung des Friedhofs Gebühren nach den Vorschriften des Niedersächsischen Kommunalabgabengesetzes (NKAG). [2] Für die Erhebung von Gebühren für die Nutzung von Grabstätten gelten ergänzend die folgenden Bestimmungen:

1. Als Beginn der Inanspruchnahme der Grabstätte kann der Zeitpunkt bestimmt werden, zu dem das Nutzungsrecht begründet oder verlängert wird.

2. Die Gebühren für die Nutzung der Grabstätte können bereits bei der Begründung oder Verlängerung des Nutzungsrechts für die gesamte Nutzungszeit erhoben werden.

3. § 5 Abs. 2 Sätze 2 und 3 NKAG ist auf Gebühren für die Nutzung von Grabstätten nicht anzuwenden.

[3] Grabstätten können aus mehreren einzelnen Gräbern bestehen.

§14 Mindestruhezeiten

[1] Die Mindestruhezeit nach jeder Bestattung beträgt 20 Jahre.

[2] Die untere Gesundheitsbehörde kann

1. für einzelne Friedhöfe oder Teile davon eine längere Mindestruhezeit nach Erdbestattungen festlegen,

wenn anderenfalls für die Umgebung eine gesundheitliche Gefahr zu erwarten ist,

2. eine kürzere Mindestruhezeit festlegen, wenn ein öffentlicher Belang nicht entgegensteht, und

3. im Einzelfall eine Ausnahme von der Einhaltung der Mindestruhezeit zulassen, wenn ein wichtiger Grund vorliegt und ein öffentlicher Belang nicht entgegensteht.

§15 Ausgrabungen und Umbettungen

[1] Leichen und Aschenreste in Urnen dürfen außer in den bundesrechtlich geregelten Fällen vor Ablauf der Mindestruhezeit nur mit Genehmigung der unteren Gesundheitsbehörde ausgegraben oder umgebettet werden. [2] Die Genehmigung darf nur erteilt werden, wenn ein wichtiger Grund vorliegt. [3] Die Umbettung darf auch zugelassen werden, wenn ein öffentliches Interesse dafür vorliegt, einen Friedhof ganz oder teilweise aufheben zu können (§ 16).

§16 Aufhebung von Friedhöfen

Friedhöfe und Teile von Friedhöfen dürfen nur aufgehoben werden, wenn die Mindestruhezeit nach allen Bestattungen abgelaufen ist.

§17 Vollstreckungshilfe

Bei kirchlichen Friedhofsgebühren, die aufgrund kirchenbehördlich genehmigter Gebührenordnungen durch Bescheid des Friedhofsträgers festgesetzt wurden, sind die Gemeinden zur Vollstreckungshilfe verpflichtet.

§18 Ordnungswidrigkeiten

(1) Ordnungswidrig handelt, wer vorsätzlich oder fahrlässig

1. entgegen § 3 Abs. 2 die Leichenschau nicht oder nicht unverzüglich veranlasst,

2. entgegen § 3 Abs. 3 Satz 1 Nrn. 1 und 2 die Leichenschau nicht durchführt,

3. entgegen § 3 Abs. 4 Satz 2 eine Todesbescheinigung nicht ausstellt,

4. als für die Leichenschau verantwortliche Ärztin oder Arzt die Leichenschau nicht unverzüglich oder nicht in der in § 4 Abs. 2 beschriebenen Weise durchführt,

5. entgegen § 4 Abs. 3 oder § 6 Abs. 2 Satz 3 eine Auskunft nicht, nicht richtig oder nicht vollständig erteilt,

6. entgegen § 6 Abs. 1 Satz 1 eine Todesbescheinigung nicht ausstellt,

7. eine Todesbescheinigung nicht richtig ausstellt oder dabei die Anforderungen einer Verordnung nach § 6 Abs. 3 Nr. 1 nicht beachtet, die für eine bestimmte Anforderung auf diesen Ordnungswidrigkeits-Tatbestand verweist,

8. entgegen § 6 Abs. 2 Satz 2 eine Todesbescheinigung nicht vervollständigt,

9. entgegen § 6 Abs. 4 Satz 3 personenbezogene Angaben zu einem anderen als dem im Antrag angegebenen Zweck verarbeitet,

10. entgegen § 8 Abs. 1 und 2 Satz 1 eine Leiche, ein Fehlgeborenes oder Ungeborenes, ein Leichenteil oder ein Organ nicht bestattet oder in den Fällen des § 8 Abs. 1 Satz 3 und Abs. 2 Satz 1 nicht verbrennt, obwohl er dazu verpflichtet ist,

11. eine Leiche in anderer Weise als durch Erd- oder Feuerbestattung beseitigt oder Handlungen vornimmt, um eine nach § 8 Abs. 1 gebotene Bestattung oder in den Fällen des § 8 Abs. 1 Satz 3 und Abs. 2 Satz 1 die Verbrennung zu verhindern,

12. entgegen § 9 Abs. 1 eine Leiche vor Ablauf von 48 Stunden seit Eintritt des Todes bestattet,

13. eine Leiche bestattet, ohne dass die nach § 9 Abs. 3 erforderlichen Bescheinigungen vorliegen,

14. eine Erdbestattung entgegen § 11 nicht in einem geschlossenen feuchtigkeitshemmenden Sarg oder außerhalb eines Friedhofs (§ 2 Abs. 4, § 19 Abs. 1 Satz 2) vornimmt, es sei denn, es liegt, ein Fall des § 19 Abs. 1 Satz 3 vor,

15. eine Urne mit der Asche entgegen § 12 Abs. 5 Satz 1 nicht beisetzt, obwohl er dazu verpflichtet ist,

16. eine Urne mit der Asche entgegen § 12 Abs. 5 oder außerhalb eines Friedhofs (§ 2 Abs. 4, § 19 Abs. 1 Satz 2) beisetzt, es sei denn, es liegt ein Fall des § 19 Abs. 1 Satz 3 vor,

17. eine Leiche oder eine Urne entgegen § 15 Satz 1 ausgräbt oder umbettet.

(2) Ordnungswidrig handelt ferner, wer vorsätzlich oder fahrlässig einer Vorschrift einer aufgrund des § 6 Abs. 3 erlassenen Verordnung zuwiderhandelt, wenn die Verordnung für einen bestimmten Tatbestand auf diese Bußgeldvorschrift verweist.

(3) Die Ordnungswidrigkeit kann mit einer Geldbuße bis zu fünftausend Euro geahndet werden.

§19 Übergangsvorschriften

(1) [1] Als Friedhöfe im Sinne der §§ 14 bis 16 gelten auch alle im Zeitpunkt des In-Kraft-Tretens dieses Gesetzes bereits vorhandenen privaten Bestattungsplätze, soweit sie bereits mit behördlicher Duldung belegt worden sind. [2] Soweit Anlagen nach Satz 1 den sachlichen Anforderungen des § 2 Abs. 4 an einen Friedhof entsprechen, kann die untere Gesundheitsbehörde dem Betreiber des Friedhofs die Vornahme von weiteren Bestattungen und Urnenbeisetzungen gestatten. [3] Im Übrigen können von der unteren Gesundheitsbehörde auf Anlagen nach Satz 1 im Einzelfall Bestattungen und Urnenbeisetzungen gestattet werden.

(2) § 8 Abs. 1 Satz 3 gilt nicht für Leichenteile, die vor dem In-Kraft-Treten dieses Gesetzes abgetrennt oder ausgegraben wurden und seither aus Gründen der Forschung, der medizinischen Ausbildung, der geschichtlichen Darstellung oder der religiösen Verehrung aufbewahrt werden.

§20 Zuständigkeit, Kostendeckung

[1] Die Aufgaben der Gemeinden nach den §§ 13 und 17 gehören zum eigenen Wirkungskreis; die übrigen durch dieses Gesetz den Gemeinden, Landkreisen und kreisfreien Städten zu-

gewiesenen Aufgaben gehören zum übertragenen Wirkungskreis. [2] Die den Gemeinden, Landkreisen und kreisfreien Städten aus der Wahrnehmung der Aufgaben nach Satz 1 Halbsatz 2 entstehenden Kosten werden im Rahmen ihrer Finanzausstattung durch Finanzausgleichszuweisungen und sonstige Einnahmen gedeckt.

§21 Aufhebung von Vorschriften

(1) Es werden aufgehoben:

1. das Gesetz über die Feuerbestattung vom 15. Mai 1934 (Nds. GVBl. Sb. II S. 279); geändert durch Artikel 13 des Gesetzes vom 30. Juli 1985 (Nds. GVBl. S. 246),

2. die Verordnung zur Durchführung des Feuerbestattungsgesetzes vom 10. August 1938 in der Fassung der Verordnung vom 24. April 1942 (Nds. GVBl. Sb. II S. 280),

3. das Gesetz über das Leichenwesen vom 29. März 1963 (Nds. GVBl. S. 142), zuletzt geändert durch Artikel 22 des Gesetzes vom 22. März 1990 (Nds. GVBl. S. 101),

4. die Verordnung über die Bestattung von Leichen vom 29. Oktober 1964 (Nds. GVBl. S. 183), zuletzt geändert durch Verordnung vom 17. September 1986 (Nds. GVBl. S. 303),

5. das Gesetz betreffend die Feuerbestattung vom 14. September 1911 (Nds. GVBl. Sb. III S. 61),

6. das Gesetz über die Einäscherung vom 22. Oktober 1925 (Nds. GVBl. Sb. II S. 286), zuletzt geändert durch

Artikel 5 des Gesetzes vom 5. Dezember 1983 (Nds. GVBl. S. 281),

7. das Gesetz betreffend die Organisation der Herrschaft Kniphausen vom 27. Dezember 1854 (Nds. GVBl. Sb. III S. 15),

8. Abschnitt XXI der Dritten Durchführungsverordnung zum Gesetz über die Vereinheitlichung des Gesundheitswesens (Dienstordnung für die Gesundheitsämter - Besonderer Teil) vom 30. März 1935 (Nds. GVBl. Sb. II S. 170) und

9. die Verordnung betreffend die Regulierung einiger Verhältnisse der verschiedenen Religionsgesellschaften zu einander vom 14. Januar 1851 (Nds. GVBl. Sb. III S. 123).

(2) § 15 a des Kirchensteuerrahmengesetzes in der Fassung vom 10. Juli 1986 (Nds. GVBl. S. 281), zuletzt geändert durch Gesetz vom 14. Dezember 2001 (Nds. GVBl. S. 760), wird gestrichen.

§22 Inkrafttreten

In-Kraft-Treten

[1] Dieses Gesetz tritt am 1. Januar 2006 in Kraft.

[2] Abweichend von Satz 1 treten § 6 Abs. 3 und § 7 Abs. 7 am Tag nach der Verkündung dieses Gesetzes in Kraft.

Hannover, den 8. Dezember 2005

Der Präsident des Niedersächsischen Landtages
Jürgen Gansäuer

Das vorstehende Gesetz wird hiermit verkündet.

Der Niedersächsische Ministerpräsident
Christian Wulff

Persönliche Notizen